AF509888

UN MYSTÈRE A METZ.

5488

Chez nos dévots aïeux le théâtre abhorré,
Fut longtemps dans la France un plaisir ignoré.
De pèlerins, dit-on, une troupe grossière,
En public à Paris, y monta la première,
Et sottement zélée en sa simplicité,
Joua les saints, la vierge et Dieu par piété.
BOILEAU, *Art poétique*.

Les principales places de la ville de Metz présentaient, au moyen-âge, ce caractère singulier, c'est qu'au beau milieu de la voie publique était plantée une énorme pierre de forme bizarre. La plus grande se trouvait près du couvent des Dominicains, qui en avaient fait une chaire à prêcher. On l'appelait la *Haute-Pierre*. La même destination avait été donnée à celle qui se trouvait au centre de la place du Change. Celle établie près de la commanderie du Petit-Saint-Jean avait été convertie en tribunal, ce qui lui valut le nom de *Pierre-Hardie*. Celle située à la porte de la cathédrale avait été taillée en siége, et servait aux installations du maître-échevin et à la publication des ordonnances de la cité, on l'appelait la *Pierre-aux-Huchemens*. Enfin il y en avait une près de la collégiale Saint-Sauveur, qui portait le nom inexpliqué de *Pierre-Borderesse,*, peut-être en souvenir des cérémonies d'expulsion des lépreux aux *Bordes*, ladrerie en patois messin. Ces monolithes étaient des autels druidiques que le christianisme avait pu dépouiller de son prestige religieux, mais nullement de son prestige superstitieux. Il devait arriver malheur à quiconque les déplacerait et même à celui qui les toucherait. Cette terreur populaire explique leur conservation dans les rues de Metz en plein moyen-âge, malgré les foudres lancées par les capitulaires de 789 et 794 contre le culte idolâtre des pierres.

La pierre Borderesse jouissait, entre tous ces dolmens, de la plus fàcheuse réputation. On la voyait tourner quand elle entendait sonner minuit. Elle chantait le jour de Pâques. Elle allait au sabbat. Que sais-je? Elle faisait tout ce qu'une franche sorcière devait faire. Les femmes du quartier ne s'en approchaient qu'avec une certaine crainte. Mais le 1er juin 1437 elles avaient fait violence à leurs habitudes. Elles étaient groupées autour de la pierre Borderesse sur laquelle venait de monter le hérault de la cité avec le drapeau blanc et noir des Messins. Derrière lui s'avançaient en belle ordonnance un grand nombre de cavaliers vètus d'un pourpoint noir serré à la taille par une large ceinture de cuir, la tête rasée et couverte d'un berret de drap noir, des moufles de cuir aux mains, et une grande croix blanche sur la poitrine. Marchaient en tête, des timbaliers et des trompettes avec banderolles noires et blanches.

— Que vois-je là, mère Cornillet? disait une vieille édentée. De moult beaux seigneurs à cheval !

— Jésus Maria, les beaux habits, la gentille musique !

— Serait-ce toute notre noblesse, mère Riverson, qui s'en va au sainct voyage de Jhérusalem?

— Mais non, ce sont nos pieux gentils hommes qui se partent pour un pèlerinage vers madame sainte Barbe.

Le hérault déploya un parchemin auquel étaient appendus plusieurs sceaux en cire verte, et réclama le silence par le cri sacramentel : *Oyez! Oyez! Oyez!* Mais en vain, les clameurs des commères couvrirent sa voix.

Impatienté de ce bavardage, un jeune écolier au manteau et au pourpoint de serge brune, au bonnet à la Buridan orné d'une plume de coq, s'écria : Paix, mère Cornillet! paix donc !

La conversation allait toujours à la dérive.

— Je te dis que c'est un jeu.

— Le jeu de saint Vy? Oh! quel bonheur! Moi qui n'ai pas pu aller le voir. La Gisquette m'a dit que celui qui faisait le saint était si beau garçon.

— Isabellin, ma fille, taisez-vous.

— Non, c'est le jeu de saint Victor?

— Où l'on voyait de si beaux soudards romains qui n'avaient point de chausses?

— Gardez votre langue, petite Gervaise.

— Moi je dis qu'on va nous annoncer le jeu de monsieur saint Jean de l'Apocalypse, car voici frère Jeoffroy de la Trinité qui a si bien fait son personnage quand il était enchaîné dans les mines de Pathamos et qu'il était noir comme un charbonnier.

— Paix, les vieilles sorcières!

— Que nous veut ce beau messire à la tête empanachée aussi vide que son escarcelle?

Les trompettes et les tambours firent enfin faire silence, et la foule put entendre ces mots:

« Charles, par la grace de dieu, roi de france, scavoir faisons a tous presens
» et advenir, nous avons recue l'humble supplication de nos bien amez et con-
» freres les maitres et gouverneurs de la confrerie de la Passion... »

— Ah! c'est la Passion de Notre-Seigneur Jésus! Je m'en doutais.

— Silence, mère Corniflet!

Et le héraut continua sa lecture:

« Octroyons de grace especial pleine puissance et autorite royal licence de
» faire jouer quelque mystere que ce soit, soit de ladite Passion et Resurrection
» ou autre quelconque... par la maniere que dit est puissent aller, venir, passer
» et rapasser paisiblement vestus habilles et ordennes un chacun d'eux en tel estat
» ainsi que le cas le desire et comme il appartient selon l'ordonnance dudit mystere
» sans distourbier et empeschement. et a confirmation et a seurete de notre plus
» abondante grace avons mis en nostre protection et sauvegarde... nous avons
» faict mettre notre scel a ces lettres. ce fut faict a notre hostel les saint-Paul au
» mois de decembre l'an de grace MCCCCII.

Une fanfare étourdissante, suivie d'applaudissements, salua cette lecture, puis un des cavaliers, d'une voix vivement accentuée, s'écria :

Oyez, Oyez, Oyez, bons citains et manans de Metz! on vous fait a fcavoir que le trois de juillet apres vefpres, Dieu aybant, fous le bon plaifir de meffire le maiftre echevin et fon confeil, de meffienrs des paraiges et de monfeigneur l'evefque il fera reprefente a vefigneuf dans Metz le tres faint myftere de la Paffion de N. S. Jefus-Chrift par perfonnaige et en action. abviennent a la pierre aux huchemens tous ceur qui voubraient prendre role ou rollets et avoir l'honneur de reprefenter perfonnes d'anges de faints ou autres.

Les trompettes donnèrent le signal du départ, et au milieu des acclamations joyeuses de l'assistance la cavalcade reprit sa marche triomphale vers la place de la Haute-Pierre. Laissons-les aller répéter leur annonce pompeuse aux autres carrefours de la ville de Metz, et exposons ce que c'était que ces hommes revêtus d'un accoutrement tout particulier. Le douzième siècle fut fécond en pèlerinages de toutes sortes. Les uns s'en allaient à Saint-Jacques de Compostelle, les autres à Sainte-Baume en Provence, les autres au mont Saint-Michel du Puy en Velay, le plus grand nombre allait visiter la Terre-Sainte. Ces pèlerins, pour charmer l'ennui du chemin, alternaient leurs prières avec des cantiques dans lesquels ils exaltaient les miracles, les martyres des saints, et célébraient d'une façon naïve les hauts faits du fils de Dieu et les angoisses du Calvaire. L'idée leur vint de s'associer par troupes. On les vit alors traverser les bourgades, s'arrêtant dans les rues et sur les places publiques, le bourdon à la main, le chapeau et le mantelet semés de coquilles et chantant en chœur leurs légendes rimées. Plus tard, ces rapsodes chrétiens imaginèrent de parler aux yeux aussi bien qu'aux oreilles, et ils représentèrent en action la légende qu'ils ne faisaient que raconter jusqu'alors.

Ces pèlerins ayant élu domicile à Saint-Maur, les Parisiens, déjà badauds au XIVᵉ siècle, accoururent en foule dans cette bourgade pour voir représenter les différentes scènes de la *Passion*, dialoguées et rimées, que devait, trois siècles plus tard, ridiculiser la verve satyrique de Boileau. L'affluence devint telle qu'il fallut une ordonnance du prévôt de Paris, le 3 juin 1378, pour réglementer ces premiers tâtonnements de la tragédie française. Ces espèces de drames religieux reçurent le nom de *Mystères*. Tout ce qui savait rimer en langue romane se crut obligé de retoucher l'œuvre de ses devanciers. Le *Mystère de la Passion* fut celui qui fut le plus remanié. Il n'y eut pas un poète qui n'y mît la main pour y enchâsser une scène nouvelle calquée sur les saintes Écritures. Ce petit poème dramatique est donc, pour la France, plus que toutes les autres œuvres poétiques du moyen-âge, l'expression condensée, la résultante du travail littéfaire du siècle qui l'a vu naître.

Celui qui travailla en dernier lieu à cette mosaïque intellectuelle fut un poète angevin, Jean Michel, qui vécut dans la dernière moitié du XVe siècle. Il débarrassa surtout ce monument de l'art dramatique français des grossières plaisanteries et des indécentes trivialités qui l'obstruaient en le souillant.

En dépit de ces obscénités, ou peut-être à cause de ces obscénités, le *Mystère de la Passion* devint le grand succès tragique du moyen-âge ; il fut le prologue de l'art théâtral en France. Ces pieuses parodies de l'Évangile devaient, par une pente insensible, conduire à la tragédie classique comme les initiations mystiques d'Eleusis mirent les Grecs sur la voie qui devait les diriger vers l'idéal du genre réalisé dans les vers du Prométhée d'Eschyle, de l'Œdipe de Sophocle et de l'Hécube d'Euripide.

Située sur les confins de l'empire d'Allemagne et du royaume de France, ville libre impériale qui n'était tenue envers son suzerain que par des liens très-relachés, la ville de Metz devait à sa position politique et topographique de participer au mouvement intellectuel qui entraînait la France. La république messine servait de trait-d'union entre les mœurs françaises et les institutions allemandes, toujours en arrière d'un siècle au moins. Aussi subissait-elle rapidement le contre-coup de toutes les révolutions imprimées au territoire français pour les renvoyer en échos affaiblis sur le sol germanique. Révolutions sociales, politiques, littéraires, juridiques, peu importait. C'est ainsi que l'orage qui brisa l'ordre des Templiers, celui qui dispersa les Juifs, vint éclater dans le pays messin pour aller s'éteindre en grondant sur les bords du Rhin. Quoique ville allemande, Metz, par instinct, conserva sa prédilection pour la langue romane. Aussi tout ce qui pouvait contribuer à propager le goût du français était-il adopté avec empressement.

Comme il n'est point de méthode plus sûre ni plus facile que celle des représentations dramatiques, les chefs de la cité virent avec plaisir les confrères de la Passion importer à Metz ces tentatives de l'art théâtral, et ils les favorisaient de tout leur pouvoir. Le premier essai en ce genre remontait à l'année 1412. Il avait porté sur la *Légende de saint Jean, l'apocalyptique,* qui avait vivement impressionné la foule. Ce succès donna l'idée à un frère de la Trinité de composer et de jouer, en 1420, la légende de saint Vy, patron d'une des paroisses de la ville, puis de faire représenter, en 1425, par Didier Cherbin, maître d'école de Saint-Vy, le martyre de saint Victor, patron d'une autre paroisse, et enfin, en 1434, le jeu de *Madame saincte Catherine.* Mais jusqu'alors, à l'imitation des Grecs, les rôles de femmes étaient remplis par des hommes, ce qui ne contribuait pas peu à jeter sur le dialogue un certain vernis de burlesque fort déplaisant. Cependant c'était un jeune homme fort lettré et fort habile, un *aman,* c'est-à-dire un notaire, qui avait rempli le rôle de *sainte Catherine,* tandis que celui de l'empereur qui ordonne le martyre de cette patrone des vieilles filles avait été admirablement rendu par un *plaidiour,* un avocat.

Un ou deux dialogues entremêlés d'un refus de sacrifier

aux faux dieux, terminés par un martyre dont les instruments variaient suivant le saint et la légende, voilà ce qui jusqu'alors avait été donné en pâture à la curiosité des Messins. Mais à cette heure il s'agissait d'assister à ce drame sublime et tout fait de la Passion qui vous montre, suivant l'expression de M. Villemain, la persécution et les douleurs du Fils de Dieu, la trahison du faux disciple, les hésitations de Pilate, ce juge qui se lave les mains du crime qu'il laisse commettre ; ces prêtres et ce peuple égarés, qui se saisissent du crime qu'on leur abandonne et l'achèvent ; le reniement de saint Pierre, le disciple bien-aimé ; les douleurs de la mère au pied de la croix, l'âme d'un Dieu triste jusqu'à la mort ; pouvait-il exister jamais tragédie plus déchirante ?

C'était ce sujet divin que l'on promettait au peuple messin ; c'était la religion même mise en scène, avec la sublimité de ses dogmes, devant des spectateurs convaincus, prêts à raviver leur croyance par la magie des jeux scéniques. Aussi n'y eut-il qu'un cri de joie dans toute la foule quand le maître de la confrérie de la Passion eut terminé sa proclamation du Mystère. Noël ! Noël ! cria-t-on de toutes parts. Les femmes, toujours curieuses, entourèrent l'écolier.

— Oh ! mon beau messire Marcel, dites-nous vite qui fera le rôle de notre Sauveur ?

— Et Judas ?

— Et madame la sainte Vierge ?

— Mère Corniflet, je ne le sais pas plus que vous.

— Impossible, mon gars, n'êtes-vous pas le roi de la basoche, le maître des jeux de céans ?

— Je ne m'en dédis point ; ce sont *moralités* que nous jouons et non point *mystères* qui n'appartiennent qu'aux confrères de la Passion. En voici précisément un qui peut nous tirer d'embarras. Ohé, maître Cherbin, viens çà apprendre à ces franches commères ce qui se prépare pour la belle solennité du jeu de la Passion. Tu es un confrère, tu peux nous renseigner.

— Je l'étais, je ne le suis plus, dit tristement le nouveau venu en s'approchant de Marcel.

— Sur mon âme, m'est advis, Cherbin, mon ami, que tu te souviens encore du jeu de saint Jean, tu parles comme l'Apocalypse. D'où vient cet air sombre?

— Maître Forcelle m'a chassé comme un varlet qui a méfait parce que j'ai demandé à me fiancer à demoiselle Alix.

En disant ces mots, il se jeta en pleurant dans les bras de Marcel.

Plusieurs clercs les rejoignirent en voyant cette grande douleur. Cherbin apprit alors à ses frères de la basoche que maître Forcelle, clerc des sept de la guerre, le chef de bureau du ministère de la guerre de cette époque, l'avait distingué, lui, Cherbin, quand il joua le rôle de saint Victor.

— C'est que tu fus bien beau, ami Didier, quand, à la tête de ta légion romaine, devenu le capitaine Victor, tu répondais à Maximien Hercule, qui te donnait du répit pour te faire idolâtre :

> Ce que tu dois faire, fais le dès aujourd'hui.
> Pour un fils du christ, que me vaut ton appui?

— Nous pleurions tous à chaudes larmes lors de ton martyre, quand tu étais broyé par la meule du moulin.

— On me l'a dit. Ce que je sais, c'est que le curé de notre paroisse Saint-Vy y gagna plus de quarante sous, succès qui a fait mon malheur. Sans ce jeu de saint Victor, je vivrais encore obscur et heureux dans mon école de la paroisse Saint-Vy; je n'aurais pas été remarqué de maître Forcelle; je ne me serais pas enrôlé sous la bannière des confrères de la Passion; je n'aurais pas, depuis cinq ans, habité sous le même toit que cette chère personne dont le souvenir me brûle...

— Pauvre Didier! dit Marcel en lui prenant les mains;

moi qui enviais son talent et sa place de scribe chez le clerc des sept de la guerre.

— Mon talent! Croiriez-vous que maître Forcelle m'a interdit de jouer dans le prochain Mystère?

— Pourquoi ce nouvel outrage?

— C'est que, pour la première fois, des jeunes filles doivent prendre leur part à...

— Je devine. Mademoiselle Alix...

— Doit faire madame Sainte Vierge, et je pensais faire Dieu le Fils.

— Le père ne veut pas qu'à la faveur du Mystère religieux tu chantes à l'oreille de sa fille des *tençons* d'amour.

— Cela crie vengeance, s'exclamèrent les basochiens.

— Oui, vengeons-nous, dit Marcel. En ma qualité de roi de la basoche, je prends en main les intérêts de la corporation. Il faudra que messire le clerc des sept de la guerre compte avec nous et sache quelle est l'importance de notre dignité de basochien. J'ai mon plan, tenez-vous prêts à l'exécuter au moment où il vous sera communiqué. Metz apprendra sous peu que l'on n'insulte pas impunément un basochien.

Ces jeunes gens si impétueux se retirèrent en silence à la voix de leur chef, et regagnèrent chacun les noires et humides échoppes des *amans* et des *plaidiours* qui les employaient en qualité de scribes. C'était un stage obligatoire pour quiconque voulait occuper une des principales fonctions de la république, quand la fortune vous avait refusé une aristocratique naissance ou la richesse qui en tient lieu. Marcel se dirigea par la rue des Moulins vers Croix-outre-Moselle; près de là se trouvait l'arche d'aman de Saint-Médard, où il était employé. Pendant ce temps, Didier Cherbin, le cœur navré, revint en Fournirue, et à son propre insu, il se trouva dans la rue des Bons-Enfants [1], qui

---

[1] Cette rue devait son nom à une confrérie puissante qui y avait fondé un îlot de maisons fortifiées, avec créneaux et machicoulis, dans la prévision des

renfermait alors les plus beaux hôtels de Metz, étant la principale artère de la ville, la seule voie praticable pour les voitures qui allaient de la vallée de la Seille dans celle de la Moselle. L'heureux Didier aperçut une blonde chevelure qui s'agitait au vent par l'embrasure d'une fenêtre gothique et qui laissa voir une délicieuse figure de madone toute humide de larmes. L'apparition fut courte, car elle ne dura que le temps employé par l'horloge de Saint-Sauveur pour sonner une heure de relevée. Le son de la cloche sembla à l'amoureux Didier un avertissement céleste. Il courut à l'église romane de Saint-Sauveur remercier Dieu. Une fois hors du temple, il se trouva face à face avec la pierre Borderesse, et se rappelant la promesse de ses frères de la basoche :

— Non, non, se dit-il l'âme rafraîchie par la prière, ce n'est pas de la vengeance qu'il me faut, c'est de la patience.

Et il alla d'un pas tranquille, par la rue Serpenoise, offrir de nouveau ses services de calligraphe à son ancien protecteur, le curé Saint-Vy, devenu celui de Saint-Eucaire, Martin-Pierre de Saint-Dixier, archiprêtre de Metz, qui demeurait à la collégiale de Saint-Thiébault, dont il était doyen. Celui-ci l'employa de suite à la rédaction de sa chronique en vers de la cité de Metz, qui, de 939, devait aller jusqu'à 1445.

Cette place de la Pierre-Borderesse, si tumultueuse il n'y a qu'un instant, se trouva tout à coup déserte. Son silence était seulement troublé par le murmure de la psalmodie des chanoines de la collégiale Saint-Sauveur qui chantaient vêpres, quand on entendit des cris plaintifs fendre l'air. C'était un blessé que quatre hommes transportaient sur

---

émeutes. La confrérie des *Bons Enfants* florissait dès le XIIIe siècle. Nous l'avons découverte dans un acte de 1276 qui constate l'importance des acquisitions de cette association. Elle était alors régie par un homme de loi *tou clair Conrad*. Les chroniques gardent le silence le plus complet sur cette confrérie.

une civière, en grande hâte, de l'hôpital Saint-Jacques où l'on venait de lui donner les premiers soins. L'agitation de la marche causait un tel malaise au patient qu'il supplia les porteurs de s'arrêter. Ils avaient fait quelques pas à peine. Ceux-ci déposèrent leur fardeau sur la pierre Borderesse. Une femme apporta un cruquignon ou broc d'eau fraîche qu'elle alla prendre derrière son étalage de fruitière.

— Ciel! c'est maître Forcelle! Dans quel piteux état êtes-vous, mon doux messire!

— Merci de votre eau, mère Corniflet. Dieu vous le rende en purgatoire. Allons, mes amis, à mon hôtel !...

Pendant que ce triste cortége descendait la rue Tête-d'Or, les herbagères et harengères de la place de la Pierre-Borderesse accouraient questionner leur voisine. La mère Corniflet leur apprit bientôt que messire Forcelle venait de faire une chute de cheval près de la Hardie-Pierre, en annonçant le mystère, parce que les basochiens avaient passé un pacte avec le diable sur la pierre Borderesse, pour venger l'un d'eux éconduit par le clerc des sept de la guerre.

— C'est d'autant plus malheureux que le *Jeu de la Passion* n'aura pas lieu, puisque maître Forcelle en est le meneur.

— Par la miséricorde de Dieu, c'est bien dommage !

— C'est cette satanée pierre Borderesse qui n'en fait pas d'autres. Le père Chipoulard avait bien raison de dire que la *pierre Borderesse*, la *haute Pierre*, la *pierre Hardie*, la *pierre Saint-Gorgon*, sont œuvres de démon.

Les bonnes commères se retirèrent non sans jeter un regard haineux vers cette pierre Borderesse, et pendant plus d'un mois les conversations des creignes ou veillées ne furent alimentées que des hauts faits sataniques de cette pierre. Jugez si on en parla.

Sur l'ordre de leur chef Marcel, les clercs de la basoche s'étaient trouvés de très-grand matin, le 3 juin 1437, sur la place du Change. Cette place porte actuellement le nom de Saint-Louis depuis le jour où, en 1707, M. Louis Ferrand, curé de Saint-Simplice, ayant acheté une statue en pierre de Louis XIII, trouvée dans les décombres de la citadelle de Metz, la fit placer au-dessus de la fontaine publique de la place du Change, en lui imposant le nom et les attributs de son saint patron Louis IX. Metz, au moyen-âge, ville d'entrepôt et de transit entre l'Allemagne, la France et le Midi de l'Europe, voyait affluer dans son sein les monnaies de toutes les nations. Le commerce de la banque et l'échange des matières d'or et d'argent y prirent un très-grand développement. Des changeurs s'y installèrent sur des étaux, sous la longue série d'arcades, les unes ogivales, les autres à plein-cintre, qui longent encore aujourd'hui la place Saint-Louis. La corporation des changeurs fit bâtir ces maisons éclairées les unes par des fenêtres trilobées, les autres par des croisées étroites que surmontent des créneaux, preuve des franchises et des libertés dont jouissaient les changeurs de Metz. La rue qui conduit à Fournirue et Jurue a gardé de cette époque le nom de rue du Change, que portait la place tout entière jusqu'au Quartault[1]. Elle était régulière et s'étendait en un long paraléllogramme qu'est venue modifier

---

[1] Toutes les denrées et les matières premières qui entraient dans Metz étaient conduites près d'un grand champ arrosé par la Seille, le *Champ à Seille*, pour être mesurées ou pesées. La vieille *Divodurum* avait conservé l'usage de certaines mesures romaines, du *quartarius* entre autres qui était le quart du *conge*, mesure de capacité pour les grains et les liquides. Le droit que la ville percevait dans ce mesurage reçut le nom de *quartagium*. Une bulle d'Honorius III, à la date du 8 des kalendes de décembre 1225, constate que l'hôpital Saint-Nicolas du Neufbourg avait reçu des messins le *quartagium* du blé. Par un *atour* de 1236, le maître-échevin Metz de donna à l'hôpital le quartage du sel, de l'écorce, de la feuille ; cette libéralité fut suivie en 1256 de l'abandon du quartage de la chaux, du son, des oignons, des fruits, du plâtre, des cendres. La place où s'effectuait ce quartage prit, dans le langage messin, le nom de *Quartault* ou poids de la ville. Elle était comprise entre l'hôpital du Neufbourg et la halle des drapiers en neuf, qui se distinguaient des drapiers en vieux ou fripiers. La halle des premiers s'ouvrait sur la place du Change, elle s'appelait *Vezineuf*, et renfermait l'aune qui servait d'étalon. (*Atours du 14 septembre 1322 — de 1446 — de 1463. — Laisses à cens de 1281 — 1289 — 1298.*)

la création de la place Friedland, sur le terrain où était jadis élevée l'église de Saint-Simplice, ce sanctuaire si original de construction, si fier de son clocher aux cinq coqs, et si heureux de posséder la fontaine miraculeuse de saint Auctor. Au centre de la place du Change se trouvait la chaire en pierre où se prononçaient les sermons aux lundis de Pâques et aux grandes fêtes, pour éviter les malheurs qui avaient signalé des prédications dans l'église de Saint-Martin *in curtis,* où plusieurs personnes avaient été étouffées.

C'est autour de cette chaire que nous retrouvons notre basoche, Marcel en tête. Depuis le matin ils s'ébaudissaient à voir affluer sur la place du Change tout le populaire de Metz. Bourgeois et bourgeoises avaient fermé maisons et boutiques, et ils s'acheminaient de toutes parts, débouchant qui par la rue du Change, qui par la ruelle du Poncet, derrière Saint-Simplice, au milieu des cris, des rires, des trépignements de pieds. Aux portes, aux fenêtres, aux lucarnes, sur les toits, fourmillaient de bonnes figures bourgeoises, calmes et honnêtes, regardant dans la direction du Quartault, vers la partie méridionale de cette place. C'est là que s'élevait majestueusement, de la hauteur de ses neuf gradins, un amphithéâtre supportant des décorations en toile peinte. L'édifice était adossée à la halle des drapiers, que l'on appelait Viciers neufs, et par corruption *Vezineuf,* comme le prouvent des titres du XIIIe et du XIVe siècle.

On ne connaissait point encore ni les changements à vue, ni la levée, ni le baisser du rideau. Comme les confrères de la Passion ne se soumettaient point à la grande règle de l'unité de lieu des anciennes tragédies grecques, il leur fallait à chaque instant transporter leurs acteurs d'un lieu à un autre. Pour obvier à cet inconvénient, ils divisaient leur scène en trois parties horizontales, le *ciel* au sommet, *l'enfer* à la base, la *terre* au milieu. Sur la terre, il y avait plusieurs plans en gradin qui supportaient chacun une décoration distincte qui ne contrariait pas sa voisine. Le peintre-décorateur de Metz avait eu l'habileté de disposer ses tableaux sur neuf plans étagés les uns derrière les autres, ce qui était le triomphe de l'art.

Le *ciel* était formé par des nuages au centre desquels était assis un beau vieillard à longue barbe blanche, revêtu d'un long manteau de pourpre étoilé, la tête ceinte d'une couronne de baron; au-dessus de lui étaient écrits ces mots en caractères gothiques : **Cy Dieu le père séant en sa majesté.** La majesté de l'éternel était allégoriquement représentée par quatre jeunes filles aux robes blanches traînantes, qui portaient sur leur front virginal un rayon d'or où se lisaient ces mots : **Vérité, Miséricorde, Paix, Justice.** Plus bas, des jeunes gens aux ailes d'azur tenaient à la main de petites harpes ou psaltérions.

La décoration de la *terre* était plus compliquée. On y apercevait plusieurs édifices étiquetés par les légendes suivantes : **Cy le temple, cy la demeure des vierges, cy le tribunal de Pilate, cy la maison de Cauphes, cy le palais d'Hérodes.** Ces constructions étaient séparées entre elles par des places publiques ainsi désignées : **Cy le lieu des juifs, cy le lieu des payens,** et par une grande plaine où coulait de l'eau naturelle entre des roseaux, sur un tapis de mousse, indiquée par ces mots : **Cy le désert et le Jourdain.**

De la *terre* descendons aux *enfers*. Nous voici, à droite, en présence d'une énorme tour avec barreaux aux fenêtres, mâchicoulis et moucharabys aux portes ; entre les créneaux on aperçoit des personnages superbement vêtus de robes éclatantes. Sur la tour, il est écrit : **Cy les limbes.** A gauche s'ouvre une grande caverne d'où sort la gueule d'un dragon roulant dans leurs orbites enflammées des yeux injectés de sang et agitant un dard d'acier de manière à faire grincer des dents. Au-dessus du gouffre, une pancarte en caractères de feu portait ces mots : **Cy les esprits cerbériques.**

Tel était le théâtre sur lequel allait se donner la représentation du Mystère qui faisait courir toute la ville de Metz sur la place du Change, le 3 juin 1437, et que contemplait de tous leurs yeux les bons Messins.

— Par la miséricorde du diable ! s'exclamait Marcel Aspicio, c'était bien la peine de perdre mon temps à attendre l'arrivée de messire Renguillon. Voilà plus de six heures que je patiente, j'espère bien qu'elles me seront comptées en purgatoire. Quel est ce Goliath qui me vole ma vue du Mystère ? Allons, je n'ai d'autre ressource que de monter sur les épaules du Philistin ou sur la chaire.

Marcel se décida pour ce dernier parti. Son exemple fut imité de plusieurs basochiens. Ils dominèrent la foule, et ils virent à leur aise la cohue se pousser, se tirailler. Une fois bien installés, ces joyeux démons commencèrent à échanger, d'un bout de la place à l'autre, des appels goguenards, des rires éclatants pour calmer l'ennui et la fatigue d'une longue attente.

— Hé ! la mère Corniflet, dit Marcel, pourquoi me regardez-vous de la sorte ? Me prenez-vous pour frère Guillaume ?

Toute l'assemblée de partir d'un grand éclat de rire.

— Je te prends pour un revenant du diable, mécréant, répondit la vieille femme ; et ne dis pas de mal d'un saint homme, sinon Dieu te punira, langue de vipère !

Ce frère Guillaume était un cordelier qui, en 1429, avait prêché à plusieurs reprises sur la place du Change, et avait révolutionné toute la ville par ses paroles ardentes contre les riches et les nobles de la société messine, qu'il appelait anges du diable, affameurs du pauvre peuple, ne vivant que de la sueur du laboureur et du marchand Ces discours enflammèrent les esprits. On l'excommunia. Le populaire prit parti pour lui. La fruitière de la place Borderesse s'était montrée une des plus exaltées parmi les prosélytes du cordelier. Elle s'apprêtait à suivre Marcel sur le terrain des invectives, quand celui-ci, oubliant son adversaire, s'écria :

— Ah ! voilà enfin Didier Cherbain : cela est bien heureux. Nous qui sommes réunis ici en phalange pour huer maître Forcelle dans ton intérêt, tu ne viens point au rendez-vous de la basoche.

— Écoute, Marcel, fais comme moi, oublie tout. Tu connais l'accident qui empêche maître Forcelle de remplir le rôle de Jésus-Christ qu'il s'était assigné? Dans son embarras, il s'est souvenu de moi. Après bien des démarches, j'ai obtenu de Monsieur le curé de Saint-Victor qu'il voulût bien se charger du personnage de Dieu.

— Le seigneur Nicole de Neufchâteau, je le connais, c'est un homme de sapience. Mais toi?

— J'ai dû prendre le rôle refusé par tout le monde...

— Celui de Judas, à cause de la pendaison?

— Non, c'est Jehan de Missey.

— Le chapelain de Marange?

— Précisément. Pour moi, je m'affuble en diable ; de cette façon je contente tout le monde.

— Même damoiselle Alix?

— Elle fait le sçavant personnaige de Désespérance.

— Je comprends pourquoi tu t'habilles en Satan. Hâte-toi, les cloches de Saint-Simplice se mettent en branle ; voici le cortége du maître-échevin et de Monseigneur l'évêque qui s'avance. Au revoir, après le Mystère.

Didier Cherbain parvint, à grands renforts de coudes, jusqu'au pied de l'échelle qui le conduisit derrière une tapisserie qui servait de vestiaire: on nommait ces réduits *une custode*.

Pendant ce temps, Monseigneur Conrad Bayer venait s'asseoir, à la tête de son clergé, aux premières places, sur un beau fauteuil de bois sculpté avec armoiries. A droite, sur un autre fauteuil blasonné de gueules aux quatre chevrons d'argent, se plaçait messire Pierre Renguillon, le maître-échevin. Derrière lui prirent rang les treize, aux robes mi-parties rouges et noires; le conseil des maîtres-échevins, aux robes mi-parties blanches et noires, et les autres dignitaires de la République, les membres du conseil des Sept de la guerre, des sept de la maltôte, des pavés, des moulins. Il est à remarquer que les fonctions de la République étaient toujours remplies par une commission et jamais par un seul homme, dans la crainte de se donner un maître, un autocrate.

Ce qui restait de places réservées fut immédiatement occupé par de riches seigneurs étrangers, tels que la comtesse de Sarrebruck, le comte de Vaudémont, le consul de Bar et de Lorraine, les seigneurs Hue d'Autel, Lebrun de Salz, Carles de Serville, Henry de Latour. L'éclat de cette réunion d'hommes distingués par leur richesse et leur haute position, était rehaussé par la bigarrure du costume des hommes non moins que par l'élégance de la toilette des dames de ces seigneurs, qui étaient accourues du fond de leurs gothiques manoirs allemands, faire étalage de leurs toilettes princières à lames d'or et d'argent. Autour de ces belles étrangères toutes étincelantes de pierreries, papillonnait la jeunesse aristocratique de la cité messine, qui se pavanait devant ces dots enjuponnées. Les *mais,* les *si* volaient de bouche en bouche, s'entrecroisant avec les exclamations arrachées par la fraîcheur et la beauté de plus d'une jeune allemande. Les dames de la bourgoisie messine s'escrimaient contre ces riches accoutrements. Elles aussi étaient noblements vêtues. Metz n'avait-elle pas les meilleurs tailleurs pour femmes? Où donc trouvait-on de plus excellents parmentiers pour enserrer une taille de nymphe dans un justaucorps de vair et d'hermine ?

Cette stratégie n'était point perdue, on le pense bien, par les clercs de la basoche.

— Regarde donc, disait l'un, Mennequin de Tournay qui se croit noble, parce que son père est venu à Metz avec un âne s'établir usurier.

— Et le seigneur Poince Hurel, si fier et si arrogant, parce que son père a été maître-échevin; souviens-toi donc que tu descends d'un sellier, roturier !

— Voyez donc la belle dame Roucel, parce que son mari est treize, qui oublie qu'elle est la fille d'un pelletier. C'est grand pitié, vrai Dieu, que ce goût des vilains de s'ennoblir !...

— Admirez donc celui-ci qui se fait saluer du nom de Piervillers, parce qu'il y a un champ ; c'est Pierre Vilain qu'il faut dire !

Un concert de cistoles, de trompes, de flageoles, de micamons, de théorbes et de psaltérions, fit taire toutes ces conversations particulières. Le silence le plus complet ne tarda pas à régner.

Maître Forcelle s'avança sur la scène et débita, en guise de prologue, la pièce de vers suivante pour mettre le public au courant de ce qu'il allait voir et admirer :

> En cette maniere recitons
> La tres sainte Passion
> Premierement appareillons
> Tous les lieur et les maisons
> Le crucifir premierement
> Et puis apres le monument
> Une geole y doit aver
> Pour les prisons emprisouner
> Enfer sera mis d'une part
> Et maisons de l'autre part
> Et puis le ciel et sur les etaur
> Dabord Pilate puis ses vassaur
> Des chevaliers il y aura
> Cayphas en l'autre palais sera
> Avec lui toute la juiverie
> Puis Joseph, puis Marie
> Or sus soyez attentifs
> Ce n'est seulement le motif
> Pour esmouvoir les simples gens
> Les ignorans, les negligens
> Ains ressentir de notre Seigneur
> Ce dont on peut etre meilleur
> Chose a laquelle vous faut venir
> Apres qu'auront tout fait et dit
> Le pere, le fils et le saint esprit,
> Amen !

Chacun se signa, puis les acteurs vinrent en une seule ligne se ranger sur la scène. Un murmure flatteur accueillit ce prologue. Les bienheureux habitants des limbes commencè-

rent à entonner le *Gloria in excelsis Deo*. Les anges leur ré-
pondirent en s'accompagnant de leurs psaltérions et de leurs
théorbes.

Un homme couvert d'une peau de mouton, tenant un long
bâton qui se termine en croix, s'avance dans le désert.

L'émotion de l'auditoire redouble, le Mystère commence.

Cet homme, connu sous le nom de Jehan, appelle à lui les
juifs; il leur prédit l'arrivée du Sauveur, de ce *Messias* dont
la venue leur est révélée par les livres saints. Les juifs ba-
fouent ce singulier prophète. Les pharisiens se rassemblent
en conciliabule, l'un d'eux dit:

> Premierement, l'empereur fous main dure
> Nous tient fujets, tout le peuple murmure
> Rien n'eft en pair, tout eft mal gouverne,
> Erreurs croiffent, la Synagogue endure,
> Haines pullullent, et tout mal on procure,
> Par quoy je dis que Meffyas n'eft pas ne.

Chacun des pharisiens donne son avis et, à l'envi l'un de
l'autre, démontre l'impossibilité de la venue du Messie par
l'exagération de la misère dans laquelle le peuple est actuellement plongé. Cette première scène fut vivement applaudie.
A la faveur des rimes, les poètes du XVe siècle savaient faire
vibrer la corde populaire en parlant au peuple de l'oppres-
sion des grands et de la misère des temps, tout aussi bien
que les sermonnaires.

Ce conseil tenu par les juifs est interrompu par le retour
de Jean, qui excite les peuples à se régénérer et à se laver
(en grec baptiser) dans les eaux du Jourdain. Les juifs rient
plus fort et par dérision nomment l'orateur Jehan Baptiste.

Celui-ci reprend:

> *Ego! Ego! Ego!*
> *Vox clamantis in deserto.*
> Je fuis voir au defert criant.

Tout à coup apparaît un personnage enveloppé d'une robe
brune, à barbe longue, aux cheveux flottants. Il s'avance d'un

air grave. Une jeune femme vêtue d'une robe bleue l'accompagne. Un long voile blanc dérobe la vue de son visage. Derrière eux paraît un adolescent portant un beau justaucorps bleu auquel sont ajustées de larges ailes d'azur; des jeunes filles sèment des fleurs sur leurs pas. L'auditoire de s'écrier : *Noël! Noël!* Les anges du paradis reprennent leurs mélodieux concerts. C'est le divin Sauveur qui s'approche de Jean-Baptiste, suivi de sa mère et de l'ange Gabriel. Jésus demande à être baptisé; le précurseur lui répond modestement :

> Pas requerir ne devez
> Car mon chier Seigneur vous savez
> Qu'il n'affiert pas a ma nature
> Je suis creature
> Et pauvre facture
> De simple structure
> Humble viateur
> Ce serait laidure
> Et chose trop dure
> Laver en eau pure
> Mon haut createur
> Tu es precepteur
> Je suis serviteur
> Tu es le Pasteur
> Ton ouaille suis
> Tu es le recteur
> Je suis l'aubiteur
> Tu es le docteur
> Moi consecuteur
> Sans qui rien ne puis.

Dieu le père envoie ses anges vaincre la résistance de Jean-Baptiste. Jésus et lui s'avancent dans le Jourdain; le baptême a lieu. Saint Michel, archange, entonne un cantique du haut des cieux. Dieu le père, d'une voix grave, chante cette loquence à trois voix :

> *Hic est filius meus dilectus*
> *In quo mihi benè complacui.*
> Cestui-cy, c'est mon fils ame Jesus,
> Qui bien me plait, ma plaisance est en lui.

Du paradis s'envole l'Esprit saint sous forme d'une blanche colombe. Les anges reprennent leurs concerts d'instruments. C'est ce qu'on appelait alors chanter un *silete,* parce que les acteurs gardaient le silence.

Quand l'intermède musical fut terminé, une sensation inexprimable s'empara de la foule. La gueule du dragon de l'enfer venait de s'entr'ouvrir en faisant grincer ses dents d'acier et en lançant du feu par ses narines. Tout le monde tremble. Deux démons arrivent devant Lucifer : c'est Satan et Berith qui s'en reviennent de la Terre, tout consternés de voir que le mal s'en va, les mœurs s'épurent, le peuple sort de son esclavage. Les sorcières ne viennent plus avec autant de zèle aux rondes du sabbat ; les jolies filles ne se donnent plus aussi souvent au diable. C'est un homme singulier qui cause tous ces prodiges. Ils ont voulu le séduire, mais en vain ; les forces de l'enfer ne peuvent prévaloir contre lui. Ce dialogue, entremêlé de lazzis sur les immoralités et les scandales de l'époque, excita au plus haut point l'hilarité du public. Il n'en fut pas de même de Lucifer, qui, ne pouvant contenir sa colère, ordonna à tous ses suppôts de fouetter ses ambassadeurs déconvenus. Cet ordre infernal fut exécuté très-ponctuellement, à la grande satisfaction de la foule qui prenait plaisir à entendre les cris et les hurlements que la douleur arrachait aux deux patients. A cette époque les acteurs jouaient en conscience, n'ayant pas encore appris à se frapper pour rire. Aussi cette scène jouée au naturel amusat-elle beaucoup... les spectateurs. Satan et Berith furent d'autant plus meurtris que les applaudissements redoublèrent avec les coups.

— Pauvre Didier ! se dit Marcel du haut de sa chaire. Ils vont l'assommer, ces bouchers ! Je comprends que personne ne voulait du rôle de Satan. O amour ! voilà bien de tes coups !

L'émotion d'un tel spectacle était à peine dissipée que se présente un général romain avec sa cohorte. Il monte à son tribunal, qui était un siége de pierre λιθόστρωτος. C'est Pilate,

accompagné de ses gardes Braillard, Drillart, Claquedent et
de son confident Barraquin.

Pour ne point faire languir le spectateur, ce gouverneur
romain rend compte, en entrant, du sujet qui l'amène en
Judée. Il veut faire publier des ordonnances et dit à Barraquin, suivant les traditions de la scène moderne :

> Et pour ce je me delibere,
> Pour magnifier cette pompe,
> Faire crier a son de trompe
> Qu'on apporte de l'argent, car
> Grands tributs sont dus a Cesar.

Après ce préambule, Pilate envoie vers ses satellites son
confident pour les charger, sous la conduite de Braillard,
d'aller promulguer l'édit du peuple romain. Les soldats se
retirent confus. Eux qui ne vivent que de rapines et de meur-
tres, sont bien surpris d'apprendre qu'il ne sagit que de
crier une ordonnance.

> Nous faut-il faire une si grand'fete
> Pour un cri?

dit Griffon fort en colère.

> Nous ne baignerions
> Y aller.

réplique Braillard.

La voix de Claquedent fut couverte d'un tonnerre d'applaudissements, quand ce soudard, témoignant tous ses regrets de
ne pouvoir abîmer le populaire, s'en va jusqu'à dire :

> On ne gagnerait une maille !
> Si j'eusse eu quelque paillardaille
> A decapiter ou a pendre
> Il y eust eu au moins a prendre
> Quelque endose pour les depens.

C'est qu'il y avait de l'écho dans la multitude qui écoutait
toute haletante d'émotion cette singulière poésie. Ces simples

rimes remettaient en mémoire les abominations que des
hordes de soldats français et bretons étaient venues commettre dans le Pays-Messin quelques mois auparavant. Ce ne
fut qu'un cri de rage dans la foule.

— Oui, les voilà bien, ces mauvais garçons ! s'exclamait la
mère Corniflet ; ils ne songent qu'à piller, qu'à mettre les
pauvres gens à mal, ces ribauds ; qu'à enforcer les jeunes
bachelettes, les mécréans. Ils se plaignent de n'avoir rien à
faire quand le pauvre monde est en paix !...

Ces paroles provoquèrent l'attention de l'évêque et du
maître-échevin qui, dans un échange de regards, se deman-
daient quelle serait la fin de cette conjoncture. L'apparition
de deux nouveaux personnages sur la scène tira d'inquiétude
les seigneurs de la cité. Le calme se rétablit à la vue de deux
jeunes gens vêtus à la dernière mode du temps.

Ils se promènent à la façon des désœuvrés, jurant, criant,
chantant à tue-tête, au grand ébahissement de l'assistance
qui ricane en devinant dans cette scène un sarcasme contre
l'oisiveté de l'aristocratie. Le coup portait ; déjà un murmure
improbateur grondait du haut des siéges réservés. Le plus
richement accoutré des deux promeneurs est le fils du roi de
Scarioth. Après avoir bâillé et répété qu'il ne sait que faire,
il accepte une partie d'échecs que son compagnon, nommé
Judas, lui propose. Ils s'attablent et se mettent à jouer. Une
dispute s'élève sur un coup à faire ; le prince, sûr de son
fait, dit :

> Si en mentirez vous, Judas,
> Je le gaignerai devant tous.

Judas, jouant sur le mot coup, répond :

> Et pourquoi me dementez-vous ?
> Qui vous ment ? Il me deplait trop.
> Corps bleu ! je vous donnerai tel cop
> Qu'il y paraitra a jamais.

Et mettant à exécution sa menace, Judas tue son partner
et s'enfuit au milieu de la stupeur générale.

Satan, qui est l'âme damnée de Judas, et qui l'a poussé au jeu et au meurtre, court aux enfers raconter son triomphe, et dans un discours satanique il se promet une éclatante revanche sur Jésus.

Saint Jean-Baptiste entre chez Hérode, tretrarque de Judée. Au nom de la moralité publique, il vient, en présence de sa cour, lui reprocher de tenir enfermée dans son palais sa belle-sœur Hérodiade, et de s'oublier avec cette femme :

Que répond Hérode à cette sanglante apostrophe?

> Me venir dire des injures
> Et reprendre publiquement
> Sans savoir entendre comment !
> Il m'en deplait trop en mon coeur,
> Et pour ce, Jehan, sur votre honneur
> Taisez-vous de ce que vous dites.
> Je sais bien que, entre vous hermites,
> Entre vous pauvres idiots,
> Ne prenez pas garde a vos mots.
> . . . .
> Mais quand est d'entre nous, seigneurs,
> Qui avons nos plaisirs appris,
> Il nous fait mal d'etre repris
> Et qu'on connaisse notre offense,
> Et pour ce, apprenez penitence
> Au commun et au populaire.

Est-il besoin de dire les sensations diverses qui accueillirent cette tirade, et qu'elle agissait tout comme le : *Cela est bon à dire au peuple,* de Victor Hugo, qui révolutionnait le parterre de la porte Saint-Martin? Le populaire, le commun de la ville de Metz, qui se scandalisait chaque jour des mœurs plus que légères de certains riches seigneurs, aperçut la portée du trait et le salua par des sourires d'intelligence. La foule comprit que le poète flagellait d'un vers rigoureux ces superbes demeures qui se miraient sur la Moselle, à l'ombre de l'abbaye de Saint-Vincent, telles que Vide-Bouteille, Passe-Temps et autres grandes maisons où la jeunesse dissolue de l'époque allait se livrer à de joyeux ébats, et s'égaudir sous les yeux des manants qu'attiraient l'éclat de la fête et la gaîté des folles danses.

Après ces diverses scènes qui n'étaient qu'un véritable préambule, le drame de la Passion commença à se dérouler conformément au texte de l'Écriture sainte. Nous nous arrêterons peu sur ces scènes qui occupent la presque totalité du drame, parce qu'elles dénotent peu d'invention de style et peu d'élévation de pensée. C'est une traduction rimée et assez plate des évangiles, entremêlée de versets latins. Et M. Villemain témoigne ses regrets de n'avoir pu trouver un poète qui ait su s'élever à la hauteur d'un tel sujet !

« Le poète a manqué, dit cet éminent critique, et le sujet
» de la Passion, traité et remanié sans cesse, n'a produit que
» de froides et stériles absurdités où la licence de tout dire
» n'a jamais inspiré quelque chose qui valût la peine d'être
» dit. Il y a grand nombre de manuscrits divers sur ce thème
» de la Passion; vous pouvez les feuilleter, vous n'y trouve-
» rez pas une scène, une intention, une beauté durable. »

Ce jugement est un peu sévère. Lorsque l'auteur laisse de côté l'Écriture sainte pour flageller les mœurs des grands et flatter la haine populaire, il se montre réellement poète satyrique. Le Mystère de la Passion restera comme un spécimen curieux de la liberté de la presse au moyen-âge. Les journaux n'étaient pas nés, mais les impôts, les guerres, les priviléges se développaient dans toute leur sinistre splendeur; le peuple gémissait, le laboureur s'exténuait à faire rendre à la terre de quoi payer les maltôtes. Le désordre des finances était très-grand dans le gouvernement de la république messine. Depuis la guerre des Quatre-Seigneurs, en 1324, le budget de la cité se soldait en déficit; la guerre de 1444 devait obérer davantage la bourgeoisie messine, puisque les rois de France et de Sicile ne s'éloignèrent qu'au prix de l'or.

Laissons là le bon vieux temps et retournons à la représentation. Nous assistons au repas que Jésus et ses douze

apôtres vinrent prendre en Chananée, où il changea l'eau en
vin. Voici Jésus qui rentre à Jérusalem, fabrique en route
un fouet dont il meurtrit les épaules des marchands qui ven-
daient au temple, et dit aux changeurs et usuriers:

> Dehors! dehors! sans contredire
> Cessez de votre oeuvre trop vaine!

Cette scène produisit un très-grand effet, parce que l'assistance y vit une critique amère de tous les gros bourgeois
messins qui s'enrichissaient en prêtant à de forts intérêts
aux églises, aux communautés religieuses. Arrive un jeune
chevalier avec des souliers à la poulaine, le faucon sur le
poing; il est revêtu du costume bariolé que l'on peut admirer sur les vitraux de la cathédrale de Metz, derrière le
maître-autel. Une meute le suit, contenue par son page.
Elle se désaltère à une fontaine et se met en chasse. Ce
jeune chasseur est Lazare. Il décroche sa trompe de chasse
et donne du cor de façon à réveiller tous les échos de la
place du Change. Après plusieurs fanfares joyeuses, il con-
tinue sa chasse. Une jeune femme s'approche ensuite de la
fontaine avec une amphore sur l'épaule, comme Horace
Vernet nous représente les femmes des bedouins.

Jésus-Christ, fatigué de sa route au retour de Jérusalem,
vient se reposer à cette fontaine de Jacob.

> O femme, dit-il, bonne-moi a boire,
> J'ai soif en passant ce passage.

Après avoir converti cette femme connue sous le nom de
sa nation, la *Samaritaine*, le Sauveur du monde s'approche
de la ville de Naïm, pendant qu'on porte en terre le fils d'une
veuve éplorée. Il fait arrêter le convoi et ordonne au cadavre de se lever. Aussitôt la bière se soulève, l'adolescent
déchire le suaire en se jetant dans les bras de sa pauvre
mère. Lazare, qui revenait de la chasse, tombe, à cette vue,
aux genoux de Jésus-Christ. Il jette sa trompe, lance dans les

airs son faucon, et ne veut plus quitter le divin maître. Bru-
namon, son page, ramasse la trompe qu'il embouche d'une
façon ridicule. Il apprend à la foule rieuse qu'il va offrir ses
services à la sœur de son ancien maître, la belle Madeleine, qui ne songe qu'à s'égayer par les danses et la bonne
chère dans son château féodal de Magdalon. Encore un sarcasme contre la noblesse.

Il ne fallait rien moins que cet intermède pour faire reposer les esprits de la résurrection si émouvante de l'enfant
de Naïm. Pour continuer ce contraste, le poëte nous montre
Hérode entouré de toute sa cour, célébrant avec solennité le
jour de sa naissance, et tenant ses grands jours, c'est-à-dire
ses états généraux. Ces assemblées du moyen-âge, que l'on
nommait les grands jours, se tenaient le plus souvent à table.
C'était là que les influences de clocher se pesaient et s'ache-
taient parmi les puissants du clergé et de la noblesse. Messieurs
du tiers n'avaient pas l'honneur d'y être admis. Ce faste et
cette ostentation blessaient la bourgeoisie, et Metz était fière
d'avoir des assemblées où le commun était représenté à
l'égal des paraiges aristocratiques sous l'influence cléricale.
Aussi cette parodie des grands jours fut-elle applaudie par
l'auditoire comme par un seul homme. Le maître-échevin
fit remarquer à messire Conrard Bayer que les poëtes de la
confrérie de la Passion avaient parfois des réflexions et des
allusions pleines de sens.

Entre chaque plat, les ménétriers firent entendre un concert de violes si attachant, que les convives ne mangeaient
point. Il faut que Grognart, le maître-queux, leur dise :

> Seigneurs, la vianbe se gate!

Et qu'Andalus, le maître d'hôtel, ajoute :

> Seigneurs, la vianbe se empire!
> Bous vous y prenez lachement!

Ce sont ces concerts, intercalés dans les grands repas, que

l'on appelait *entremets;* ils laissaient aux sergents, aux ser-
veurs le loisir de remeubler la table. Ces entremets ne consis-
taient pas seulement dans des morceaux de musique, des
jongleurs y alternaient avec des musiciens. C'est ce qui
eut lieu au repas d'Hérode. Des Maures sautèrent au travers
d'un cercle d'épées nues. Enfin, au dessert, Hérodiade com-
mande à sa fille Florence de danser. Aussitôt le tambourin,
la rote ou viole et le fifre entonnèrent une entrée mauresque,
et Florence exécute plusieurs pas de l'époque. Abiron, un
seigneur, s'exclame d'aise et dit :

> Harbiment, gente damoiselle!
> N'ayez point de vergogne haute.

Le tambourin reprend un autre air, et Florence se laisse
aller à toute la désinvolture réclamée par le *branle de Metz*
qui, trois siècles plus tard, devait encore faire les délices
de la cour de Louis XIII et de Louis XIV, puis se met à
danser un *tordion,* qui était la *cachucha* de l'époque. Ce sarcasme allait tout droit à l'adresse de l'amour effréné des
bals. Les jeunes châtelaines sourirent en rougissant sous
leurs voiles.

Hérode est tellement transporté par ce spectacle qu'il jure
à Florence de lui accorder tel don qu'elle voudra lui demander. La jolie danseuse court consulter sa mère et demande,
ô horreur! la tête de l'homme qui les a flétries en face
de toute la cour. Hérode a la lâcheté de consentir à cette
vengeance de femme. On entend saint Jean qui, du fond
de sa prison, fait sa prière; le bourreau s'impatiente, Florence l'excite en lui criant ces mots sacramentels :

> Grognard fais ton office,
> Grognard delivre=moi la tete.

L'homme de confiance d'Hérode apporte sur un plat ce
qu'on lui a demandé, en prononçant cette grossière plaisan-
terie qui fit beaucoup rire.

> Or tenez, portez=la bouillir,
> Rotir ou faire des pates.

Hérodiade se jette avec fureur sur cette tête sacrée, en perce la langue pendant que les anges du paradis chantent les louanges de ce grand prophète et que ses disciples viennent ensevelir ses restes. Cette saillie grossière de Grognart est une peinture triste et vive de la férocité des mœurs de nos ancêtres. Du reste, ce n'était qu'une réminiscence de la plus ancienne poésie messine connue. Bégor, frère de Garin le Lorrain, combat en champ clos et tue Isoré. Il se jette sur son cadavre, l'entr'ouvre, prend le cœur dans ses deux mains et en frappe le visage de Guillaume de Monclin, en disant :

> Tenez, vaffal, le cuer votre cuifin,
> Or le pouvez et faller et roftir

Et le poëte s'extasie sur ce haut fait en s'écriant :

> Oyez merveille que le Loherains fift.

Après un martyre, nous passons à une scène d'une toute autre nature.

Au milieu de la place des Juifs gesticule, en vociférant, une jeune fille demi-nue, les cheveux épars, se tordant sous l'influence d'une force invisible. Elle s'arrête et prend le spectateur pour confident de ses souffrances. Ecoutons-la :

> Je vois tous les diables en l'air
> Plus epais que troupeaur de mouches
> Qui vont faire leurs eftarmouches
> Avec ung tas de forcieres
> Et ont plein leurs gibecieres
> Pour faire roftir les jambons
> A un gros tas de larrons pendus
> Qui fe font nagueres pendus.

Ce qui met fin à cette scène, où les confrères de la Passion ont placé dans la bouche de la possédée des expressions plus qu'ordurières, c'est l'arrivée de Jésus, qui, supplié par elle, lui dit :

> O femme! ta foi eft moult grande!
> Va-t-en! foit fait comme tu veulx.

Il l'exorcise et rentre à Jérusalem.

Nous sommes transportés dans l'intérieur d'un château aux lambris dorés. Le poète nous conduit dans le galant et mystérieux boudoir d'une brillante et voluptueuse coquette. Ce sont les mœurs galantes du XVe siècle que l'auteur place en Judée pour les critiquer à son aise. Nous retrouvons le détail des toilettes de l'époque. Une femme, à l'ondoyante chevelure, se fait habiller par de jeunes suivantes auxquelles elle répète :

> Je veuil etre toujours jolie
> Maintenir etat haut et fier,
> Avoir train, suivre compagnie
> Encore huy meilleur qu'hier.

Elle appelle, pour l'admirer, les sept péchés capitaux qui viennent exalter la conduite de la belle châtelaine du manoir de Magdalon, la charmante Madeleine. Pendant qu'elle se prélasse devant une glace de Venise et se parfume les cheveux avec des baumes d'Orient, un paralytique gémit dans la rue. Jésus se rendant au temple l'aperçoit et le guérit. Puis il fait un sermon sur les récompenses et les châtiments qui attendent les hommes. Prenant avec lui Pierre, Jean et Jacques, il s'achemine vers le Thabor, où s'opère la transfiguration. Tout à coup, au milieu des éclairs, Jésus apparaît vêtu d'une robe blanche et la tête environnée d'un soleil d'or, accompagné d'Héli en habit de carme, et de Moïse avec les tables de la loi à la main.

Madeleine ne cesse de se parer ; elle chante une ballade amoureuse, se faisant accompagner sur le luth par Rodigon, seigneur de la cour d'Hérode, admis à l'intimité de la toilette. Il est piquant de voir ce que chantait une grande coquette de comédie au moyen âge. On sera surpris de retrouver la facture des opéras comiques du XIXe siècle ; voici cette cantilène :

> Je fuis bobenceuse
> Fiere et orgueilleuse

Et ambitieufe
Pour mettre mignons en run
Je fais l'amoureufe
Aur ungs gracieufe
Aur autres rieufe
Jamais ne me tiens a ung.

Le comte Rodigon se pâme d'aise en sa qualité de soupirant. C'est un jeune fat qui a plus d'une ressemblance avec les petits marquis que Molière a mis en scène. Madeleine, tout en chantant, met sa toquade à la polite qu'elle agence avec ses oreillettes, ses papillottes en faux cheveux, car le nom de Madeleine signifie, en hébreu, femme qui frise ses cheveux. Elle se lave, se farde et fait répandre des fioles d'eau de rose sur le plancher. Rodigon se retire non sans avoir embrassé sur la bouche Madeleine et ses demoiselles. C'était une manière d'adieu qui était, au moyen âge, le *nec plus ultrà* de la politesse.

Survient la sœur de Madeleine, la pieuse Marthe, qui reproche à la belle mondaine de se donner à tous péchés, et l'engage d'écouter Jésus-Christ. Ce dialogue entre les deux sœurs nous fait songer involontairement à la scène si belle du Misanthrope entre la prude Arsinoé et la coquette Célimène. C'est la même série d'idées accompagnées du même ton aigre et doucereux à la fois. Mais voyant qu'elle prêche dans le désert, Marthe s'en retourne à Bethanie. Cependant Madeleine est ébranlée; la curiosité la pousse à venir au temple entendre un des discours de ce Jésus que Marthe vénère comme un saint. Madeleine se faufile parmi l'assistance ; elle pleure en entendant le Fils de Dieu tonner contre les péchés des hommes et annoncer le jugement dernier ; elle se fait remettre ses fautes et prend le chemin de Bethanie avec ses suivantes. Durant la route elles confessent leurs péchés.

Arrivées chez Marthe, elles trouvent Lazare se plaignant d'une grosse fièvre, et les femmes lui donnant des conserves de framboises de Metz, des confitures de mirabelles de Lorry. Cette flatterie pour l'art des conserves messines fut saluée par de vifs applaudissements. Ces remèdes sont insuffisants. Lazare prononce le nom de Jésus et expire au milieu des sanglots de sa famille. On l'enterre. C'est au retour du cimetière que Marthe aperçoit le Sauveur, elle le supplie de lui rendre son frère ; ce qui fut accompli en présence de toute la population. Jésus entre prendre un repas chez Simon. Madeleine répand sur la personne du Sauveur les aromates les plus exquis. Judas dit tout haut à propos de ce nard :

> J'estime qu'on l'eut bien vendu
> La somme de trois cens deniers

Puis il ajoute en *à parte:*

> Desquels pour le moins j'en eusse eu
> Trente pour ma part des premiers.

Jésus, qui a lu dans le cœur de ce traître, le reprend très-vertement. Dès ce moment, Judas a formé le dessein de perdre son maître. Dans un curieux monologue, il se reproche de mener une vie toute de privations et de tristesse, quand l'exemple de plus d'un pharisien montre comme il est facile de s'enrichir. Mais il faut voler, il faut piller, il faut tromper. Judas volera, pillera, trompera. Il court chercher une occasion. Pendant ce temps Jésus entre chez Marthe et la sermonne sur les reproches que celle-ci faisait à Madeleine de ne point l'aider dans les travaux de ménage. Celle-ci est débarrassée de ses atours. Elle n'a plus qu'une guimpe sur la tête avec un tablier blanc montant sur la poitrine. Elle est vêtue comme une simple bourgeoise avec une cotte de bure.

Suivons Judas. Il rencontre deux personnages noirs, habillés en docteur de la loi. C'est Satan et Belzébuth qui développent en son cœur l'amour du gain et la soif de la vengeance. Ils excitent Judas à livrer Jésus aux prêtres, qui lui donneront une bonne somme. Sous cette infernale inspiration, Judas pénètre au milieu du conseil des juifs et leur dit :

Seigneurs je fais ce que vous dites,
Il ne faut ja tant fermonner,
Dites que me voulez donner
Et je le vous le bailleray.

Le grand-prêtre de s'écrier :

Judas!
Il semble que tu fais le cas.
Tiens donc, Judas, prends cette bourse,
Cela trente deniers d'argent,
Qui ont passé par maint gent
Dont Joseph fut jadis vendu.

Ce faux frère s'en retourne mettre à exécution son vil trafic ; il trouve Jésus faisant la cène avec ses disciples, leur lavant les pieds, bénissant l'hostie et communiant avec eux sous les deux espèces. Judas s'attable et Jésus prononce ces paroles qui effraient toute l'assemblée :

Je ferai livre cette nuit,
Et l'un de vous qui etes assis
A cette table et qui a mis
La main au plat avec moi
Me trahira.

SAINT JACQUES.

Esse point moi?

SAINT JEAN.

Et moi aussi?

SAINT PIERRE.

Ou moi qui suis ici assis?

JUDAS.

Nunquid ego sum, Raby?
Nesse point moi?

JÉSUS.

Tu le dis!

Toute l'assemblée se lève d'horreur. Satan entraîne Judas ; Jésus se dirige vers le jardin des oliviers et fait sa prière d'agonie. Saint Michel, Raphaël et Uriel supplient le Très-Haut d'alléger les souffrances de son fils bien-aimé. Les anges descendent du ciel et viennent consoler Jésus. A peine sont-ils remontés vers leur demeure céleste, que paraît Judas saluant son maître de ces mots :

Ave Raby
Maiſtre en honneur ſoyez maintenu.

JÉSUS.

Amice ad quid venisti,
Ami a quei es tu venu.

A cette voix toute la cohorte conduite par Judas tombe à la renverse. Malchus veut s'approcher, Pierre lui coupe l'oreille de son épée, et Malchus se lamente.

Je ſuis bleſſe, oh! le hault Dieu!
Ah! malleheure vins en lieu,
Car navre me ſens a merveille.
Helas! on m'a coupe l'oreille.
Helas ! j'ai l'oreille pendue.
La! on m'a l'oreille abattue.

Jésus le guérit, et pour témoigner sa reconnaissance, Malchus promet de ne pas oublier de bien le frapper.

Quel beau type d'ingratitude! L'assistance ne put retenir des signes de mépris contre ce Malchus qui l'indignait plus peut-être que l'infâme Judas.

Celui-ci conduit la troupe chez Anne le grand-prêtre, drapé dans un long manteau jaune avec un chapeau pointu. A la porte flambe un grand feu. Saint Pierre s'en approche d'une façon si frileuse qu'un des soldats fait cette remarque :

Ce pauvre a ſi grand froidure
Qu'il ſe met preſque juſqu'au feu.

La servante d'Anne, qui est vieille et laide, deux raisons
pour être méchante, répond :

> M'est avis que je l'ai vu
> Aller souvent par la cité.

Et s'adressant à saint Pierre :

> Homme, viens ça, by verite,
> N'es tu pas d'avecque celuy
> Jesus de Nazareth?

SAINT PIERRE.

> Femme, je ne fais ce que tu dis,
> Je ne connus en ma vie,
> Ne ne fus de sa compagnie.
> Je ne sais qui est ce Jesus.

Cruelle leçon qui nous montre le fonds qu'il faut faire
sur l'espèce humaine! Soyez arrêté, poursuivi par la justice,
il faut un grand courage pour oser ne pas renier le passé
et reconnaître qu'on a été lié avec l'accusé.

Poursuivons. Anne le pontife interroge Jésus sur sa doc-
trine, lui pose des questions captieuses, suggestives pour lui
tendre des piéges. Le divin maître esquive ces honteuses
ruses. L'interrogateur, à bout d'argument, emploie la torture.
Il fait lier à une colonne le sauveur des hommes. Quelle
leçon pour la justice humaine qui appelle à son aide les tour-
ments, le secret pour arracher des aveux!

Jésus est conduit chez un autre prêtre, Caïphe. Celui-ci
fait appel au peuple juif. Du sein de la foule sortent de faux
témoins accusateurs, et d'autres pour défendre Jésus contre
ces calomnies et ces faux témoigages. Caïphe est indécis; il
interroge Jésus et le conjure, au nom du Très-Haut, de lui
dire s'il est le Fils de Dieu. Jésus n'a pas répondu : C'est toi
qui le dis, que Caïphe s'écrie transporté d'aise :

> *Blasphemavit! blasphemavit!*
> Qu'est-il besoin d'aller plus loin?

Il prononce la condamnation, mais elle doit être sanc
tionnée par le gouverneur romain. Caïphe, avec ses satellites et la foule, conduit Jésus à Pilate. Celui-ci est à son prétoire, entouré de gardes tenant la lance en arrêt. Quand se
présente Jésus, toutes les lances s'inclinent, à deux reprises
différentes, au grand ébahissement de la foule.

Les juifs crient à la magie et demandent la mort du ma-
gicien Jésus. Pilate fait venir tous les témoins à décharge.
Accourent alors tous les individus qui ont été l'objet d'un
miracle, et qui s'exclament ensemble :

Cet homme icy est saint prophete.

Pilate sort du prétoire et vient sur la place publique
haranguer le peuple en ces termes :

Seigneurs Juifs et gouverneur,
Qui pour punir les malfaiteurs
Suis ici Juge subroge
J'ai ce pauvre interroge,
De qui la mort avez requis,
Et examine et enquis
De son fait au mieux que j'ai peu,
Mais je n'ay trouve tant soit peu
Qui soit coupable des pechez
Dent l'acusez et empeschez.

Le peuple élève la voix.pour demander la mort de Jésus,
au grand chagrin de Pilate qui songe à la coutume qu'ont
les hébreux de faire grâce à un criminel en l'honneur de la
fête de Pâques, et il propose de faire profiter Jésus de ce
bienfaisant usage en leur disant :

Eh ! que feray-je de Jesus,
Votre prophete, qui cy est ?

Tous de répondre :

Tolle! Tolle!

Pilate ajoute pour les émouvoir :

Votre Roi!

TOUS.

Ce mot nous deplait.
Tolle! Tolle!

La bienveillance de la foule se porte tout entière sur un voleur émérite du nom de Barrabas, qui applaudit à sa mise en liberté tandis que Jésus est dépouillé de ses vêtements et frappé de verges. La fatigue force Malchus de quitter son office de bourreau ; il revient bientôt avec des lambeaux de pourpre dont il affuble le Sauveur en complétant son œuvre de dérision par une couronne d'épines et un sceptre de roseau.

Pilate rentre au prétoire et cherche à apitoyer la foule sur le sort de ce malheureux condamné, par ces mots :

Ecce homo, voyez l'homme,
Regardez, messeigneurs, comme
Je vous le rend doux et traitable.
Ecce homo, voyez l'homme,
L'homme voicy bien miserable.
Ecce homo veritable.
Ecce homo l'innocent.
Peuple soyez pitoyable.
Ecce homo ton semblable,
Regarde ou ton pouvoir s'etend,
Ecce homo qui ne tend
A orgueil et rien ne pretend
Qui vous puisse porter nuisance.
Ecce homo qui n'attend
Lorsque Dieu soit de vous content.

Efforts inutiles! les clameurs de la foule étouffent les paroles miséricordieuses du gouverneur romain ; la *vox populi* qui passe pour la *vox Dei*, cette grande voix de l'opinion publique, pervertie par ses grands-prêtres, étouffe les sentiments de générosité que voulait faire naître Pilate.

Pendant ce temps, Satan descend aux enfers et apprend à Lucifer que les justes se réjouissent, dans les limbes, de la mort du Messie qui va donner son sang pour les racheter. En effet, les bienheureux, du fond du purgatoire, entonnent des chants d'allégresse sur leur future délivrance. Ces chants arrivent jusqu'aux oreilles du roi des enfers, qui prend la résolution de s'opposer de tout son pouvoir à la mort de Jésus-Christ. Aussitôt il expédie vers la terre son fidèle émissaire Satan, que nous voyons s'approcher de la couche où sommeille paisiblement l'épouse de Pilate. De sa baguette magique Satan magnétise cette femme et lui insouffle des inspirations diaboliques à l'aide d'un songe. Elle se réveille tout épouvantée ; elle fait prévenir son mari de s'opposer à l'exécution du condamné, dans la crainte des grands malheurs dont leur tête est menacée. Pilate annonce aux juifs qu'il ne peut sanctionner leur sentence. Loin de se calmer, leur colère redouble au point que l'autocrate romain a la faiblesse de céder au vœu de la multitude. Mais pour qu'il soit bien avéré qu'il laisse aux juifs toute la responsabilité de ce verdict, il crie à Baraquin ;

> Aporte le pot a laver
> Et le baffin et la touaille,
> Puis a laver icy me baille,
> J'ay grand hafte, abrege moi tot.

Le faible Pilate croit qu'en se lavant les mains il restera innocent de la mort d'un juste. Il a eu beau faire, ses mains sont toujours restées teintes du sang de l'innocence. Combien de gens agissent de la sorte ! Ils laissent faire le mal qu'ils pourraient empêcher. Ils se croient sans reproches. Que voulez-vous? ils ont peur, il n'est pas donné à tout le monde d'avoir le courage de son opinion.

Pilate le trembleur prononce alors son jugement d'après le style de procédure de l'époque :

> Nous, Ponce Pilate.

Garbe, par charte bien fondee,
De la prevote de Judee,
Juge criminel sous la main
Du tres craint empereur romain.
Apres les informations,
Charges et acusations,
Enquetes et temoins produits
De par la partie des Juifs
Encontre Jesus qui cy est.
Nous le condamnons par arret,
Quoiqu'en abvienne droit ou tort,
Souffrir et enburer la mort.

Entendant prononcer cette sentence cruelle, Judas sent le remords envahir sa conscience. Il invoque l'enfer. Aussitôt apparaît un démon femelle qui lui apporte une corde, un glaive, des poignards. C'est Désespérance.

— Tu m'as appelée, dit-elle, me voici.

Il faut que tu passes le pas.
Voici dagues, voici couteaux,
Ferfettes, poinsons, allumelles;
Avises, choisis les plus belles
Et celles de meilleure forge,
Pour te couper a cop la gorge.
Ou si tu aimes mieux te pendre,
Voici lacs et cordes a vendre
Pour te etrangler tout a cop.
Que attends tu ? tu demeures trop,
Vas le fer tandis qu'il est chault!

Judas se décide pour la pendaison. Désespérance le conduit près de la potence. Satan y arrive avec une brouette; il aide Judas à se passer la corde au cou et le lance dans l'éternité. Judas gesticule, se débat d'une façon si naturelle que toute la foule applaudit à outrance. Marcel se distinguait parmi les plus enthousiastes du talent mimique de son ami Jehan de Missey; mais tout à coup il s'arrête :

— Eh bien! Didier, à quoi penses-tu? laisse donc là Désespérance; coupe! coupe! coupe! tu vois bien qu'il étrangle.

Damoiselle Alix Forcelle accourt avec ses ciseaux et rend la vie au chapelain de Mairange.

Les bourreaux emmènent le divin condamné, une lourde croix pesant de tout son poids sur ses épaules meurtries. Les forces humaines trahissent Jésus, il succombe sous son fardeau infamant. Les femmes fondent en larmes sur son passage. Notre-Dame s'évanouit dans les bras de Madeleine. Admirable exemple de bienfaisance! Du milieu de cette foule, hurlant la mort et le sang, sort une modeste femme qui vient, d'un linge moelleux, éponger cette sublime tête. Elle s'imprime sur la toile. Les gardes s'arrêtent muets devant ce miracle fait pour attester la conduite de sainte Véronique. Il suffit de parler au cœur pour être imité. Voici toutes les femmes qui accourent; Pilate s'en émeut et crie à ses gardes:

> Que ne les chassez vous arriere
> Ce semble femmes forcenees.

Cet homme faible devient inhumain, et il ne voit pas Jésus qui est broyé sous sa croix pesante. Un passant est mis en réquisition, c'est un habitant de Cyrène. Dieu le père envoie ses séraphins consoler son divin Fils. Ces habitants des cieux traversent la haie des soldats et soutiennent la marche chancelante de notre Sauveur jusqu'au sommet du Calvaire.

Arrivés sur cette colline, les bourreaux s'emparent du condamné, le mettent nu, le clouent sur sa croix, et, aidés de la foule, ils élèvent dans les airs ce gibet qui doit devenir le signe de la rédemption de l'humanité. Les juifs se plaignent de l'inscription I. N. R. I. que Pilate a fait graver en latin au-dessus de la tête du supplicié. Pilate fait taire ces murmures par ces mots dignes d'un autocrate proconsul:

> Messeigneurs *quod scripsi, scripsi.*
> Et en murmure qui voudra,
> Car ce que j'ai ecrit ici
> Est ecrit et demourra.

Jehan de Neufchastel, qui remplissait le rôle de Jésus-

Christ, était à bout de forces. Il se mit à crier : A l'aide ! à l'aide ! Maître Forcelle, son rouleau de parchemin entre les doigts, relève la tête surpris d'entendre le curé de Saint-Victor prononcer des paroles qui ne sont pas sur l'original du libretto. Que voit-il ? Jehan de Neufchâteau qui s'affaisse sur lui-même, ferme les yeux et s'évanouit. On lui porte secours, le vinaigre le rappelle à lui. Mais il lui est impossible de continuer son personnage. Forcelle se désole, et dans son désespoir il s'arrache les cheveux.

— Maître ! lui dit une voix douce.

Il se retourne et aperçoit un bourreau.

— C'est votre scribe, Didier Cherbin.

— Ah ! mon pauvre ami, nous sommes perdus ; un Mystère sans crucifiement ! Que va dire monseigneur l'évêque ?

— Maître, je sais le rôle. Ne l'ai-je point appris avant M. le curé de Saint-Victor ?

— Dieu soit loué ! tu me rends l'honneur !

La représentation reprit son cours. Cherbin, sous le costume de Jésus-Christ, fut à son tour cloué sur la croix.

D'une voix accentuée il commença le fameux monologue de la Passion, les sept paroles de la croix.

Ce morceau est très-long. Contentons-nous de recueillir un échantillon du langage pseudo-poétique dans lequel les rimeurs du XVe siècle ont traduit ce passage sublime des saintes Écritures.

Jésus-Christ se voit la proie de la fureur populaire et la victime de la haine des classes privilégiées, les prêtres, les pharisiens contre lesquels son éloquence a tonné sous forme de paraboles.

Plein de compassion pour cette terre qu'il va quitter, il jette ses regards vers Dieu le père, et dit :

> Pere, qui elis tes servans,
> Et en qui toutes choses sont,
> Tu vois desquels gens je suis pris
> Et leur dur courage qu'ilz ont,
> Pardonne leur s'ils ont mepris,
> Car ils ne savent pas qu'ils font.

Les soldats s'endorment, les bourreaux se partagent les vêtements des suppliciés. Un démon vient appren re à Griffon l'usage d'un nouveau jeu. Ce sont les dés. Les dépouilles des condamnés servent d'enjeu. Griffon gagne la robe du Sauveur; les autres bourreaux entrent dans une fureur extrême et vomissent mille imprécations contre le jeu de dés, son inventeur et tous ceux qui s'en serviront à jamais. Ils s'approchent de la croix.

MALBEC.

Jesus arregarde la lune.

MALLEGORGE.

Arregarde si le mien fume.
N'est ce pas la gorge d'un four?

PRIMELLE.

Par mon ame! tu es bien lourd,
Que ne descends tu pour nous battre?
Pouah! paillard, pouah!
Faites lui pouah!
Crachons lui tres tous au visage.
Gueulons, montrons lui notre rage.

Et joignant le geste aux paroles, ces personnages indécents et burlesques font des salutations obscènes. Comment de pareilles choses étaient-elles supportées? Quel était donc l'état moral et intellectuel des gens qui assistaient à des scènes aussi abjectes, aussi ordurières et aussi sacriléges? Quelle corruption de goût et de mœurs! Qui nous parlera maintenant de l'innocence et de la naïveté du bon vieux temps!

Du haut de sa croix Jésus se fait entendre :

Helie! helie! lamazabatani!
Deus meus! ut quid me dereliquisti?
Mon Dieu, mon pere de lassus
Comme quoy m'as tu lesse ici?
J'en souffre tant que n'en puis plus.
O pater in manus tuas
Commendo spiritum meum.

Un tremblement de terre éclate, le voile du temple se déchire, la terre se couvre de ténèbres, les tombeaux s'entr'ou-
vrent, les bienheureux se réjouissent. Dieu le père ordonne
à ses anges de célébrer par leurs chants le trépas de son fils.
Ceux-ci, accompagnés d'un jeu d'orgue, psalmodient lente-
ment ces versets latins :

> *Kyrie* penitentibus
> *Eley* languentibus
> *Zon* tibi crebentibus
> *Christe* confibentibus
> *Parce* pecatoribus
> *Pacem* bonans omnibus
> Tibique fit gloria
> Jn sempiterna fecula.

Les chants avaient cessé, et l'auditoire ému, recueilli,
écoutait encore, quand maître Forcelle, toujours en costume
de frère de la Passion, après avoir salué l'assemblée comme
un régisseur bien appris, vint déclamer ces vers :

> Meffeigneurs, vous tous en cette place,
> Puifqu'avons eu tems et efpace
> De rebuire en brief par efcript
> La Paffion be Jefu Chrift
> Ayons en recorbacion
> Afin que par compaffion
> Puiffions meriter meffoucu
> Et en la fin, gloire ! Amen.

Toute l'assemblée se signa et se retira en jasant de par
les rues que le maître-échevin avait eu le soin de faire illu-
miner en ordonnant que chaque maison serait éclairée au-
dehors par une lanterne.

Marcel restait immobile, les mains enlacées autour de sa
jambe droite qui se balançait dans le vide. Les clercs,
étonnés, le harcelèrent de leurs railleries.

— Marcel, tu es donc pétrifié ? disait l'un.

— Serais-tu donc devenu une statue de sel comme la
femme de Loth ? ajoutait un autre.

— Ah ! mes amis, s'exclama Marcel en secouant sa torpeur, vous me rendez un bien mauvais service. Un rêve si beau ! J'étais devant Pilate, je pérorais ; je crois que je parlais aussi bien que Démosthène et Cicéron...

La basoche ne put s'empêcher de rire.

Marcel continua en marchant à la tête de la bande joyeuse :

— Messieurs les clercs, que trouvez-vous dans le procès du Christ ? Des accusateurs, des juges, des témoins, des bourreaux, et pas un *plaidiour*, pas un avocat !

— Cela est vrai.

— Ne voyez-vous pas que Dieu a voulu même qu'aux yeux des hommes N.-S. Jésus fût condamné de la façon la plus inique ? Un avocat aurait flétri la conduite de ces émissaires des grands-prêtres, de ces *insidiatores*, de ces agents provocateurs qui devaient ensuite servir de faux témoins ? Un *plaidiour* aurait éclairé Pilate sur ses droits et ses devoirs de juge. Est-ce que Caïphe et encore moins son beau-père Anne avaient le droit de s'immiscer dans cette procédure ? Comment aurait-on pu tolérer que Caïphe, qui s'était porté accusateur, pût ensuite se constituer comme juge ? Un avocat aurait démontré à Pilate que Jésus était condamné comme coupable du crime de lèse-majesté envers l'empereur Tibère, quand toute l'instruction n'avait roulé que sur le crime religieux du blasphème ? Un défenseur aurait plaidé, la loi de Moïse à la main, que tout crime doit être prouvé au moins par deux témoins, tandis que Caïphe se contente d'un aveu unique arraché par des paroles captieuses !...

— Ton éloquence eût été en pure perte, Marcel, en présence de l'opinion publique qui se révélait par ces cris *tolle*.

— J'aurais fait appel à cette belle loi romaine digne des premiers temps de la République : *Cum a populo exclamatum est, vanæ voces populi non sunt audiendæ, quando innocentem condemnari desiderat.*

Marcel s'interrompit. On était arrivé au milieu de Juruc

(ancienne juiverie messine), à la hauteur de l'ermitage de Saint-Genest.

— Que Dieu vous tienne en joie, mes mignons! dit Marcel en guise d'adieu.

Et il rentra dans une petite maison à portes et fenêtres ogivales que devait, cinquante ans plus tard, illustrer le séjour de Rabelais, et préserver jusqu'à nos jours du marteau des démolisseurs.

Un mois après, un beau repas de fiançailles était célébré en grande pompe dans un hôtel de la rue des Bons-Enfants. La musique des violes et des cithares avait mis en joie tout le voisinage. Les marchandes de la place Saint-Sauveur étaient sur le seuil de leurs boutiques, écoutant le concert.

— Eh bien, mère Corniflet, il paraît que c'est vrai?

— Mais oui. C'est aujourd'hui que maître Forcelle fiance sa fille Alix avec Didier Cherbin, en présence de toute la basoche.

— C'est de toute justice, car le pauvre jeune homme m'a bien fait pleurer quand il tenait le personnaige de N.-S., et il a tiré une fameuse épine du pied du maître du jeu.

— Et Martin Jehan de Neufchateau?

— Monsieur le curé de Saint-Victor? Le pauvre cher homme se porte comme un charme. Le gentil Marcel vient de m'apprendre que pour le mois prochain, Martin Jehan doit faire Titus, dans un Mystère plus beau, si c'est possible, que le premier, c'est le jeu de la vengeance de Notre-Seigneur Jésus-Christ.

Ch. Abel.

(Extrait de l'*Austrasie*).

Sources. — *Histoire du Théâtre français*, par les frères Parfait. — *Origine des Théâtres modernes*, par Charles Magnin. — *Olla podrida*, par J. Kœnig, de Metz. — *Chroniques de Metz*, recueillies par Huguenin aîné. — *Toiles peintes de Rheims*, par A. Paris. — *Procès du Christ*, par M. Dupin aîné.

Metz, Impr. de Rousseau-Pallez.